Daniel Duarte

Siga os Balões
o livro

1ª edição

Rio de Janeiro | 2016

CIP-BRASIL. CATALOGAÇÃO NA PUBLICAÇÃO
SINDICATO NACIONAL DOS EDITORES DE LIVROS, RJ

D871s   Duarte, Daniel, 1994-
Siga os balões: O livro / Daniel Duarte. – 1ª ed. - Rio de
Janeiro: BestSeller, 2016.
il.

ISBN 978-85-4650-019-2

1. Técnicas de autoajuda. 2. Autoconfiança. I. Título.

16-36942   CDD: 158.1
                            CDU: 159.947

Texto revisado segundo o novo Acordo Ortográfico da Língua Portuguesa.

SIGA OS BALÕES – O LIVRO
Copyright © 2016 by Daniel Gonçalves Claudino

Design de capa: Ba Silva
Ilustração de capa: Daniel Duarte
Editoração eletrônica: Ba Silva

Impressão e acabamento: Prol Gráfica

Todos os direitos reservados. Proibida a reprodução,
no todo ou em parte, sem autorização prévia por escrito da editora,
sejam quais forem os meios empregados.

Direitos exclusivos de publicação em língua portuguesa para o mundo
adquiridos pela
EDITORA BEST SELLER LTDA.
Rua Argentina, 171, parte, São Cristóvão
Rio de Janeiro, RJ – 20921-380
que se reserva a propriedade literária desta tradução

Impresso no Brasil

ISBN 978-85-4650-019-2

Seja um leitor preferencial Record.
Cadastre-se e receba informações sobre nossos lançamentos e nossas promoções.

Atendimento e venda direta ao leitor
mdireto@record.com.br ou (21) 2585-2002

Agradecimentos

Agradeço ao Thiago, que me encontrou pela internet adentro e acreditou neste projeto, e que em tão pouco tempo se tornou uma pessoa muito especial para mim.

A todos os meus amigos que sempre me apoiaram, mas em especial à Gabriela. Por tudo até aqui.

À Rayana, que teve toda a paciência do mundo, até quando eu já não tinha mais nenhuma e tocou este livro até o final da melhor maneira possível.

À minha família e a você, é claro.

Antes de tudo e de qualquer outra coisa, você é o meu primeiro muito obrigado.

Porque, se não fosse por você que me acompanha, nada disso seria possível.

Eu estou com você

Queria poder sentar com você hoje para tomar um café.

Você me contaria sobre sua vida e eu olharia bem no fundo dos seus olhos enquanto timidamente você começaria a falar sobre seus anseios.

Poderia ouvir você falar por horas e me atentaria a cada detalhe do seu rosto. Como suas sobrancelhas dançam enquanto você se expressa de maneira agitada.

No som da sua voz, na lágrima que começava a se acumular revelando o tom mais claro dos seus olhos.

Sua vida é tão rara para mim.

Nós precisamos falar mais sobre nossas dores e não ter medo algum de mostrar nossas fragilidades.

Queria poder te abraçar hoje e dizer que sem você o mundo não seria lá grande coisa.

Queria poder te dizer isso olhando nos seus olhos, com os copos na mão enquanto a noite vem chegando.

Coração pesado, carregado de nuvem. Está tudo bem.

Fala um pouquinho mais dos seus medos. O mundo não vai acabar e eu não vou a lugar algum.

Estou aqui para ouvir as inúmeras histórias que ainda não me contou.

Para te sentir mesmo que você esteja longe e para dividir minhas memórias também.

A saída é sempre da boca para fora. Do peito para o ombro. E você pode se apoiar no meu se quiser.

Eu queria te levar para tomar um café, mas por agora eu só posso te dar as minhas palavras e nós nos veremos nessas páginas.

Mas continuo aqui. Em todas essas linhas, traços e cores. Para dividir minhas lições, minha vida e um pouquinho da sua.

É provável que eu não te conheça tão bem, mas somos quase os mesmos por dentro. Então está tudo certo.

Você tem alguém aqui. E aí também, é só olhar pro lado com mais carinho.

Seja lá onde você estiver lendo essas páginas, eu te mando amor. Agora meu coração está com você.

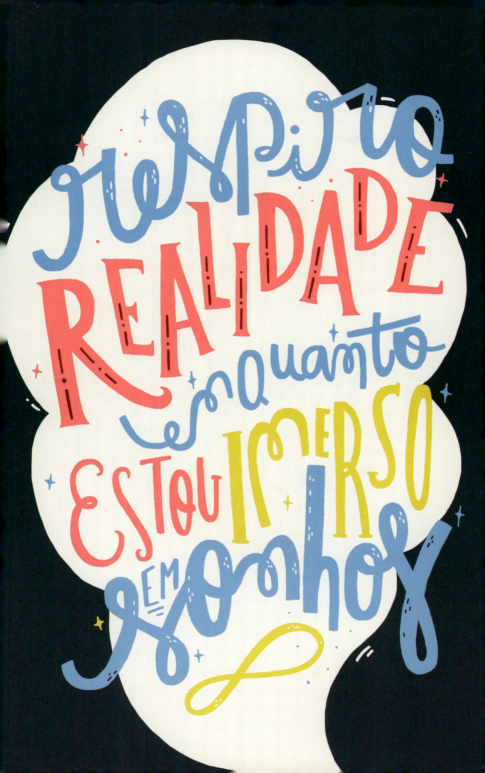

TEM GENTE QUE CHEGA E FAZ SEU DIA CLAREAR

Amanhã de manhã

Nem sempre o futuro corresponde ao que planejamos.

É raro ouvir que alguém se tornou o que queria ser quando mais novo.

Estes dias eu estava pensando nisso aqui.

Fiquei olhando para os lados, contei mentalmente todos os meus vacilos. Tomei nota dos gastos emocionais e de outros desperdícios.

Fui crescendo e, com o passar dos danos, prometi por várias vezes que organizaria as coisas. Que tomaria jeito na vida.

Mas até agora eu não tenho feito muito.

Aprendi uma ou duas coisinhas, e ganhei lições pelo que não esperava.

Algumas vezes isso pesa. Essa ideia do que você precisa ser e do que o mundo espera de você.

Pesa tanto que, em tempos difíceis, eu sento na beira da cama pelas madrugadas adentro.

Desabo em Deus, conto tudo para ele e confio.

Às vezes parece que nada melhora e tudo o que nos resta é um esforço muito grande para não apagar de vez aquela luz do fim do túnel.

Tem dias em que peço para o universo dar uma forcinha. Que dê uma ajeitada nas coisas.

Que me empreste a mão para segurar o barco, só por mais uns dias. Só para aguentar mais umas horas de maré brava.

Mas algumas vezes não é suficiente.

E lá no quartinho da alma, depois de todo o esforço, fico vendo o fim do mundo pela janela.

Confesso que ninguém é de ferro: choro junto.

Então, aguardo acordado olhando para o céu, só para comprovar que a chuva passa quando a manhã chega. E ela passa.

A gente se acostuma com os desaforos do destino e as pegadinhas da rotina.

Com a frieza de algumas pessoas e a ida de outras.

E, por mais obscura que a noite possa ser, apesar de toda telha que o vento levou e depois de toda a tempestade, a gente fica.

Eu mesmo estou aqui até agora.

Não cem por cento, mas estou aqui.

Prometi que iria pôr a vida nos eixos. Não faço a mínima ideia de quanto tempo isso vai levar, mas ainda estou aqui.

Mesmo sem ter feito muito, continuo aqui para ao menos ter a certeza de que, quando o relógio bater às seis, será um novo dia e a vida seguirá em frente, me dando mais uma oportunidade de dar um jeito nela.

Deixe ir, há algo belo no agora e muito melhor amanhã

Amar é atitude

Sei bem pouco sobre o amor, muito pouco mesmo.

Meu maior feito até agora foi ter amado bem. Amado de verdade.

Quando a gente ama, mas ama mesmo, sempre encontra um meio.

Sem papo-furado de que o horário no trabalho tá apertado, sem a ladainha de dizer que não teve pausa para o café.

Quando a gente ama, mesmo destruído pela rotina, economiza os "eu te amo" para amar de fato.

É difícil acreditar em gente que dá a palavra como prova.

Palavra é algo tão vazio para se provar. Saiu da boca, tchau.

Comigo é na base da atitude. Dou valor a quem quer estar ao meu lado sem contornos, sem desculpas.

A melhor coisa é estar com quem firma o pé no coração da gente, e não arreda. Não vai embora com brisa leve.

Nós precisamos de muita coisa.

Talvez uns zeros a mais na conta, porque ninguém é de ferro.

De uma noite de descanso e umas boas férias também.

E precisamos de mais gente com atitude.

De coragem, de ação.

Tente outra vez

A primeira vez

A primeira vez é o tombo que a gente enfrenta sem querer.

Com ressalvas e exceções, conheço primeiros namorados que casaram e amigos de escola que estão juntos até hoje. Mas, de resto, a primeira vez é a porta de entrada para os 7x1 da vida.

Quando me apaixonei pela primeira vez, foram seis meses para superar.

Foi tão simples, tão bonito. Tão água com açúcar.

Tão romance meia boca de filme da Sessão da Tarde.

Parecia história de adolescente com mais de vinte.

Eu me apaixonei e me apaixonei sozinho. Fiquei lá, sem recíproca nenhuma.

Bobão e segurando flores.

Mandando mensagens e falando da minha vida como se tivesse vivido incríveis aventuras ao redor do mundo.

Aí veio o primeiro encontro e eu sabia que seria apenas aquele.

Sentado numa rede de fast-food enquanto comia um hambúrguer que descia quadrado, com gosto de fracasso.

Depois o primeiro emprego e as privadas para limpar. A mudança de casa e um mês comendo macarrão instantâneo.

Minha primeira habilitação, que foi de primeira para em seguida bater o carro.

E foram chegando primeiras e mais primeiras vezes. E outros encontros, e os outros empregos e novas estradas.

Ganhei anos e chegaram as primeiras contas para pagar, os primeiros dramas da maturidade. As crises de começo de idade e aquela ideia de não ter a menor ideia do que se está fazendo com a própria vida.

Cresci e tive a impressão de que o aventureiro com frio ainda morava no meu estômago.

Aventureiro que, apesar de ter encarado a primeira vez, seria inseguro em todas as outras.

Cheguei à primeira vez do terceiro beijo e lá estava eu, cheio de prática mas com as mãos suando.

E, naquela fração de segundo, entre o beijo e o não beijo, minha mente agitada compreendeu o jogo do universo.

Todas as oportunidades que se foram por insegurança retornaram. Voltaram em outras pessoas, em outros momentos. De outros jeitos e formas.

Eu não estava pronto para o meu primeiro emprego, então sentei numa praça e fiquei por lá. Perdi a oportunidade e outra apareceu alguns meses depois. O segundo primeiro emprego.

Nesse, comecei a escrever.

E agora você está lendo este livro, que provavelmente não teria acontecido se eu ainda estivesse no primeiro.

Sabe, ninguém é tão confiante a ponto de saber cem por cento das vezes o que está fazendo. É por isso que a vida está nos rodeando e lendo nossos sonhos.

Continuo acreditando na minha teoria, nessa ideia de que o universo traz o que é melhor para nós na hora certa.

Minhas primeiras vezes nunca foram, então tentei a primeira segunda. Em outros casos, tentei uma primeira terceira.

E fui tentando.

Tentei todas as vezes que pude. Tremendo de medo, pálido e sem ter noção do que fazer.

A única certeza que levei comigo foi que, mesmo se não fosse daquela vez, o universo sempre daria um jeitinho para uma nova primeira vez.

Amor barato

O amor é lindo, principalmente os mais baratos.

Amor sincero, em que a gente não precisa bancar o super-herói, nem impor alturas.

Para mim não há nada mais digno de conto de fadas do que ver um casal apaixonado comendo um cachorro-quente numa barraquinha de esquina depois do serviço.

Gosto dessa ideia de amor; gosto desse lado do amar.

Quando a gente não teme estar em frente ao outro. De cara com a parte mais simples.

Encarando a realidade. Encarando os olhos cerrados quase fechados no trem voltando para casa quando o dia se vai.

Esse amor de deixar maluco faz meu coração suspirar e bater mais rápido. Saber que tem alguém lá fora de braços abertos para te encontrar e te aceitar do jeito que você é.

Para te olhar mil vezes dos pés à cabeça e continuar te enxergando como "aquele da vida", a coisa mais linda que o destino podia ter trazido – e trouxe.

Gosto desse amor quatro e cinquenta. Amor de churrasquinho e latinha de refri.

Barato e ao mesmo tempo sem preço.

Esse amor me fascina.

Amor que não vive em terra de hashtags, não se sustenta com likes nem com juras eternas em rede social.

Cadeado que mora na parte off-line da vida. Na zona não glamorosa do bolso.

Que se renova num olhar e nas mãos dadas no ônibus em direção à praia. Ou ao centro da cidade indo tomar um sorvete. Ou às estrelas.

O amor é lindo.

Principalmente os mais baratos. Aqueles em que a gente não precisa ser grande, nem dono de negócios.

A gente só precisa ser o que é para ser amor.

QUANDO FOR AMOR SERÁ PELO QUE VOCÊ É, ONDE NINGUÉM VÊ

QUANDO A CORAGEM JÁ NÃO FUNCIONA MAIS COMO COMBUSTÍVEL

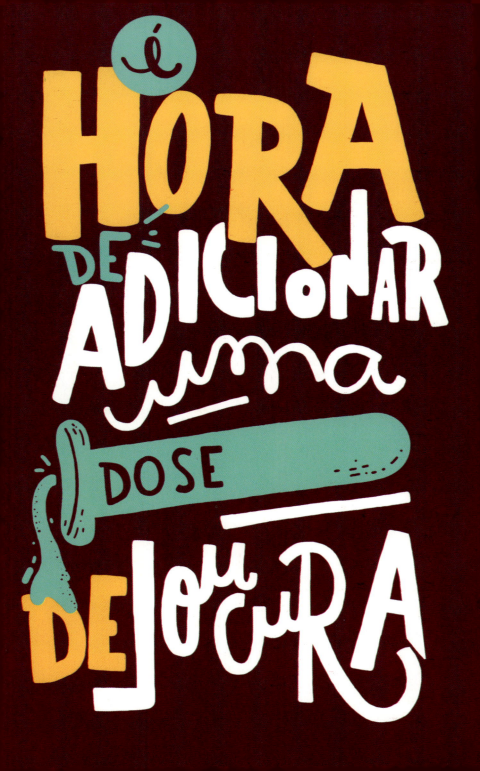

Fazer o quê?

Estou sempre de braços abertos para os que precisam reclamar seus males, seus receios pelo futuro.

Compreendo os choros pelos desejos demorados e pelos sonhos que estão longe de acontecer.

Eu entendo, porque num dia desses acabo me sentindo assim também.

Meio pra baixo, meio desacreditado, me sentindo metade. Sendo meio.

Meu dom sempre foi cuidar dos outros. Fazer o quê?!

Meu talvez é a certeza de que nunca me entendo de verdade. Que nunca sei o que se passa aqui e que a minha mente consegue me encher de elogios e me derrubar ao mesmo tempo.

Mas eu entendo meus amigos. E os amigos deles.

Sinto direto quando vejo alguém sofrer. Sinto em mim. Sinto na pele.

Sinto demais.

Me considero uma pessoa forte. Eu choro mesmo, reclamo às vezes.

Sou forte porque conheço minhas fraquezas e minhas fragilidades. Não as escondo, mesmo assim não me entendo na maior parte do tempo.

Sou um código indecifrável.

Tentando não ter medo de sentir medo.

Sendo cuidadoso com as palavras, com as pessoas.

Nem ganhando, nem perdendo. Apenas andando em equilíbrio para não cair na dúvida.

Apesar dos pesares e de todos os talvezes, eu ainda prefiro acreditar que há alguma razão lógica para isso tudo.

Algumas pessoas são destinadas a ser o que são. Eu poderia ser qualquer coisa no mundo, mas fui ser isto. Tudo isto.

Eu me encontro quando me bagunço e tomo decisões cretinas mesmo sabendo que não seriam a melhor opção para mim. Faço tudo isso ciente.

Sei do retorno, da volta.

Uma vez até fiz uma dieta cara.

Deixei quase todo o meu salário naquelas comidas de baixa caloria. Larguei tudo no armário e dormi abraçado com uma barra de chocolate meio amargo.

Já insisti em amores ruinzinhos. Em pessoas mais ou menos.

Acho que minha maior especialidade é abraçar bem apertado e me afundar nos meus próprios pensamentos.

Fazer o quê?!

não perca o controle pelo que não pode controlar

Sopro

Dê uma olhadinha para o céu e perceba quão pequenos nós somos.

Quão nada nós somos.

Sim, nada. Nós não somos grande coisa.

Para provar isso, a vida te sopra daqui.

Atravessando a rua. Num mergulho em alto-mar. Numa gripe que se torna algo pior.

A vida sopra e você vai embora.

Num tropeço na calçada num dia quente de verão. Numa chuva com raios enquanto você corria para casa para não se molhar.

De um jeito bobo, de um jeito simples. De uma maneira por vezes tão ridícula que faria seus parentes e amigos não acreditarem que aconteceu. Não tão de repente. Não tão rápido.

A gente vai embora, sai daqui. Pensa que vai fazer tudo, mas aí não.

Não faz. Não deixa nada.

A vida sopra e nós viramos um momento na moldura debaixo da janela e o motivo de um coração esmagado de alguém.

Numa brincadeira em que você por vezes não tem nem como dizer adeus.

Mas insistimos em agir como se fôssemos Deus. Todo o sistema solar ou qualquer coisa mais poderosa que isso.

Continuamos a estufar o peito, a enojar o rosto. A esquecer a educação em casa e o perdão no mesmo bolso do orgulho.

Se olhar para fora, encontrará pessoas tão tristes quanto você. Tão felizes quanto você.

Preocupadas e estressadas, perdendo tempo guardando mágoa, semeando ódio.

Ah, o ódio.

A vida cheia dele é muito vazia e muito pesada para levar. Não vale a pena.

Nem o rancor, nem o nariz em pé. Nem todo o resto.

Sabe o que podíamos estar fazendo? Aproveitando.

Aproveitando o agora para pedir perdão por erros bobos que apagaram pessoas importantes da nossa história.

Abaixar a cabeça quando necessário e levantar para quando precisar ir embora.

Devíamos estar sendo menos para podermos ser mais.

Menos juiz e mais braço aberto. Menos algemas e mais asas.

Não para o mundo, mas para nós mesmos.

Como seres humanos.

Como os que querem deixar algo aqui. Esperança, paz ou uma palavra de conforto.

Qualquer atitude geradora de coisas boas.

Só para deixar.

Para quando a vida soprar e você for embora, onde quer que você esteja, o mundo continuar aquecido pelo amor que você semeou.

A estrada dos sonhos só chega ao fim quando fechar'mos os nossos olhos para sempre

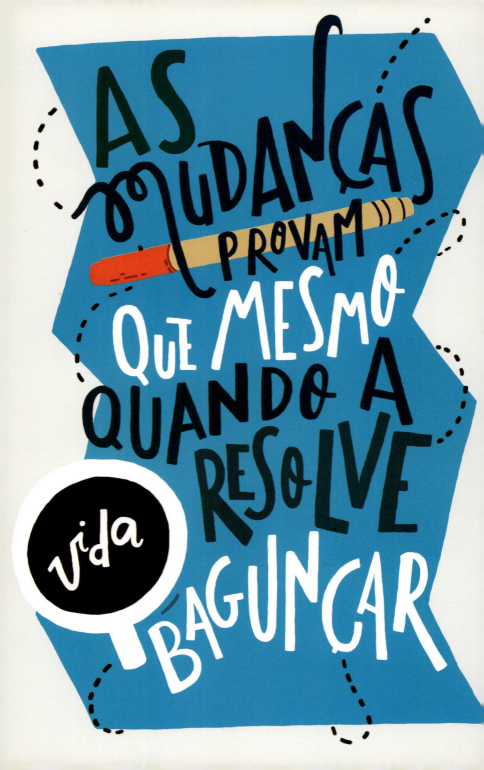

AQUELES QUE NOS AMAM ESTARÃO NO MESMO LUGAR

Quando o amor vai embora

Quando o amor vai embora, tudo lembrará os dias em que ele esteve contigo.

Nada se torna mais doloroso do que andar pela casa e cada pequeno detalhe do seu quarto te levar a momentos em que os dois ocuparam o mesmo espaço.

Quando o amor vai embora, cada maldita música que você escuta traz recordações.

Ele sacode tão forte tudo o que você tem por dentro, e te leva tão alto que, quando você cai, é uma queda só. É corpo inteiro e coração em mil pedaços.

Quando o amor vai embora, a gente se perde da vontade de fazer qualquer outra coisa por ter gastado tanto tempo andando com quatro pernas, ter visto com múltiplos ângulos e escolhido tudo a dois.

Não dá para correr quando o amor vai embora, porque ele puxa seu tapete, te deixa no chão. Segura as suas pernas e faz seu coração já frágil ainda menor.

Sua carência grita por mais um abraço e vem aquela maldita vontade de mandar um oi. De pedir desculpas por um erro que não é seu.

Mas o amor murchou. Depois daquele momento de grandeza, de construção dos pequenos detalhes, ele tomou um rumo diferente. O amor foi embora. O do outro, não o seu.

Ele está deitado em algum canto, só esperando para sentar contigo e rabiscar o futuro numa velha mesa. Aguardando para acordar todos os sonhos que você deixou para lá.

Ele está aí para te mostrar que os planos dos dois nem eram tão importantes. Ele fica para fazer aquele perfume caricato se resumir a um cheiro como outro qualquer.

O amor, quando deixa de ser, se torna aquela porta entreaberta que a gente fica conferindo sem fazer barulho para saber se o outro está dormindo ali, mas ele não está.

Não volta, e tudo o que nos resta é arrastar nosso corpo cansado pela casa e controlar o choro.

Quando o amor vai embora, abraçamos com calma um velho moletom. Deitamos de lado para ver o fim da tarde e tomar um café sem pensar em nada.

Quando o amor vai embora, temos que reaprender que a nossa própria companhia será suficiente, até ela realmente voltar a ser.

A VIDA SÓ TE TRAZ O MELHOR, QUANDO VOCÊ DEIXA IR, O QUE JÁ NÃO TE PERTENCE

Separados pelo desgaste

É provável que hoje você termine a ligação um pouco mais cedo do que costumava.

A princípio, tocará sua vida como se nada tivesse acontecido.

E depois de algumas semanas, os minutos começarão a se encurtar. Gastará bem menos tempo do seu plano de celular do que antes.

As mensagens do Whatsapp começarão a se resumir em "e, aí?".

E as coisas ficarão mais distantes e frias.

Você vai se lembrar de todos os momentos, mas estará ocupado demais olhando para o seu próprio caminho.

Alguns anos depois, vai encontrar no fundo de uma caixa cheia de fotos, ou em algum álbum on-line, uma imagem de vocês dois e vai sorrir por alguns instantes.

É, a equipe inseparável se separou.

Vai se lembrar que não tem mais Batman e Robin combatendo o crime até o vídeo game reiniciar sozinho.

Nem uma panela cheia de brigadeiro num sábado à tarde. Vai notar que a Equipe Rocket já não caça mais crushes pelas noites adentro.

Vai perceber que já não existe vocês dois há tanto tempo, que você mal se lembra quais foram as penúltimas palavras trocadas, quando se esbarraram ou a data da última mensagem.

Provavelmente você seguiu com a vida e do outro lado foi igual.

Você tomou um novo rumo e com o outro não foi diferente.

A amizade acabou pela distância, pela falta de contato e por não ter mais amizade nenhuma.

Um dia desses vocês irão se encontrar em alguma calçada por aí e se olharão sem graça.

Com um sorriso de canto de boca e um aceno tímido com a cabeça.

E, de repente, sentirão uma explosão de saudade de uma maneira silenciosa. Cada um na sua e passou.

Nós nem percebemos quando dizemos adeus sem querer. Na ligação mais sem graça do mundo.

Um lá, sem vontade de falar, e o outro aqui, finalizando com um "até depois" que na verdade é para nunca mais, mesmo sem saber.

E da irmandade mais extraordinária que a vida poderia criar, acabamos nos tornando estranhos que se conhecem demais.

Separados pelo desgaste.

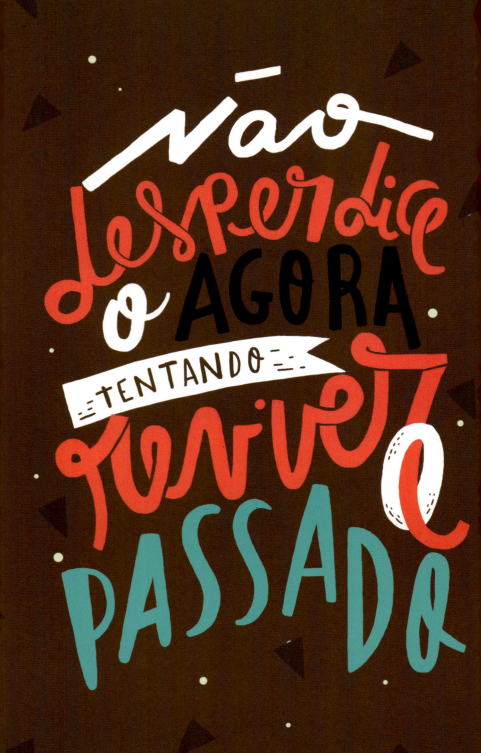

NÃO HÁ NADA NOVO NELE

Sumir

Tem horas em que bate aquela maré brava e a gente meio que quer sumir.

Meio.

Só desaparecer por alguns dias. Ou pelo menos por algumas horas.

A vida cobra pra cacete quando você cresce.

Um emprego estável, um vocabulário legal, e é inadmissível não estar na faculdade até os vinte.

Dá vontade de sumir mesmo. De evaporar rápido, sem dor, igual a um puxão de band-aid para ficar só *tu e o silêncio. O silêncio e tu.*

Sem muitas opções. Sem opiniões e interrupções.

Mas aí tem a vida, né?

Não dá para fechar os olhos e acordar no Caribe com essa porrada de contas para pagar.

Não dá para só abrir a porta, fazer um hang-loose e começar um mochilão pelo mundo.

Dar até dá, mas repito: *E a droga das contas?*

Porque, se eu não bater o ponto sete da manhã, minha luz roda. E meu telefone também.

Se eu não pegar pesado e jogar um remédio para dentro junto com um cafezinho para suportar a dor de cabeça no horário de trabalho, aí já viu.

Aí já era.

Eu queria ser meio nômade, sabe?

Igual àqueles hippies argentinos que vendem pulseiras na Praça da Sé — mas e o banho com água quente, como é que fica?

Não posso me esquecer de um dia abraçá-los pela coragem.

Queria ter metade da coragem dos hippies da Praça da Sé. Queria me despedir do Poli, meu papagaio.

Da minha mãe e do meu pai também.

Queria sumir só para dar um tempo para os meus pensamentos entrarem num acordo.

Mas aí tem todos os outros afazeres da vida, e, quando não tiver mais nada, eu provavelmente vou arranjar uma desculpa até me contentar com sumir apenas nas férias.

Porque nas férias eu planejo uma viagem. Não para o Caribe, porque o salário não permite esse luxo.

Tirando as contas para pagar, acho que dá para sumir no sofá mesmo, assistindo Netflix.

É o pacote econômico. É o que estou podendo pagar no momento.

É o jeito que tenho de sumir.

Há um recomeço te esperando sempre que for preciso

Não faça jogo

Sei que não funciono bem nesse negócio de paquera. Desde menor, na verdade desde a escola. Desde os meus dias vividos no ensino médio até ser um adulto.

Nunca soube flertar. Nem dar um oi sem gaguejar eu sei.

Admiro de verdade quem aperta os olhos e parte para o próximo nível.

Já tentei fazer isso e fiquei como os míopes sem óculos tentando enxergar de longe. Ou meu pai tentando ler as notinhas menores da fatura do cartão.

Mas confesso que acho meio perda de tempo esse jogo de conquista misteriosa.

Esse negócio de ir ciscando no terreno, curtindo fotos antigas do Facebook. Ai.

É que eu não tenho muita paciência, sabe?

Eu não gosto de joguinho.

Achava bem fofo até meu primeiro ano de escola, mas foi só até lá, porque depois se foi toda a minha vontade de ficar dando voltas para dizer o que sentia.

Se fui baleado, pelo amor de Deus, me levem para um hospital.

Se estou na de alguém, eu não quero apertar os olhos. Nem fazer carinha.

Nem me esconder e ficar pagando uma seriedade que nem forçando eu consigo ter.

Sou transparente. Só sei gostar dizendo na lata, demonstrando em público se precisar. Fazendo vontades e sendo meio idiota às vezes.

Nunca soube me apaixonar baixinho, ao pé do ouvido. Assoviando eu te amo entre os dentes.

Se gosto, eu gosto mesmo. Eu gosto em alto e bom som.

Se quiser ficar comigo, será desse jeito.

Me apaixono por gente escancarada. De gente que chega para a gente com a porta aberta e com um sorriso gigantesco no rosto.

Tenho preguiça dessa onda de conquista 007. Não levanto nem para desligar o despertador, imagina ficar horas procurando o gosto musical do outro na linha do tempo.

Não faço a mínima ideia de como flertar. Ou de como ser fofo e sexy ao mesmo tempo.

Eu consigo ser eu. Só eu mesmo.

Gaguejando às vezes, mas com o peito aberto para mergulhar livre, porque, se eu der com a cara no concreto, vai ser uma vez só.

Não sou fã de pistas, nem de sinais para quando se pode amar ou não.

De misterioso para mim já basta o futuro.

Sabe, não é preciso esperar perder pra valorizar quem se tem perto

A vida se torna uma jornada melhor

QUANDO ENCONTRAMOS PESSOAS TÃO LOUCAS QUANTO NÓS

Manuais

Relacionamentos deveriam vir com manuais. Um livreto para você ler. Se acaso não aceitasse os termos, era só clicar em SAIR.

Mas, sabe, de nada ia adiantar. Provavelmente não leríamos nada e já pularíamos para a instalação da felicidade em nosso sistema.

E um belo dia você perceberia que o programa que deveria salvar sua vida nada mais é do que uma barra de ferramentas inútil que vai ficar instalada em você e nem ao menos sabe fazer a varredura disso tudo. Até você cair na real de que precisa formatar seu coração e instalar tudo de novo.

Você é preguiçoso o suficiente para aguentar o sistema lento e travando seus planos ou é daqueles que não suportam nenhum cavalo de Troia, e aí começa a caminhar, a falar sobre o tempo, que cura tudo.

Tempo. O tempo não cura nada. O tempo dá tempo para a gente aprender a se curar, para a gente aprender a pegar os cacos no chão do quarto e limpar a bagunça sozinho, porque o começo é sempre a dois, mas o final é cada um para o seu canto.

Nós sempre acreditamos que finalmente alguém vai segurar a ponta da corda, e, do outro lado, no fim, um solta.

Quando você entra em algo novo, em qualquer âmbito da vida, precisa estar seguro de quem você é. É preciso segurar bem forte no seu amor, para quando o outro te soltar. É preciso se lembrar de tudo o que fez, de tudo o que conquistou e de tudo o que você ainda não foi, antes de ser algo para alguém. Você não precisa de uma pessoa para dividir seus planos, desde que eles estejam por inteiro dentro de você.

Ninguém sabe como vai viver depois de uma partida, seja ela qual for. Por mais que você se sinta metade novamente, eu te garanto que ninguém nasceu para ser metade de ninguém. Nascemos para nos amarmos e para sermos completos para nós mesmos, e isso de longe é egoísmo ou arrogância, mas você simplesmente não pode prometer a alguém algo que nem você tem. Antes de qualquer novo clique no coração alheio, aviso aos novos navegantes e aos velhos de coração partido: primeiro a gente se ama... e depois também.

1º A GENTE SE AMA

E DEPOIS TAMBÉM

Sentir

Tenho a curiosa capacidade de reconhecer meus estados emocionais. Desde as euforias e surtos de felicidade até a tristeza quase fatal.

Há dias ando cansado, mais até do que o normal.

Apesar de os dias continuarem a ser incríveis, tenho odiado tudo à minha volta.

E culpo muita gente. Tenho culpado a rotina, o caos e, às vezes, Deus e o mundo.

Não me olhe de cara feia, mas parece que a vida esquece da gente aqui embaixo às vezes.

Tenho topado com pessoas frias e pouco empáticas.

Tenho estado sufocado.

Tenho sentido falta de falar com gente. Gente com olhar que saca os sentimentos e pensamentos confusos que passam pela minha cabeça. Gente que não só dá de ombros.

E, na falta, tenho me mantido em silêncio, para que o cansaço não se manifeste e fale no meu lugar.

Talvez seja só uma questão de tempo.

Ouvi dizer que o tempo cura muita coisa.

Tenho a curiosa capacidade de reconhecer meus estados emocionais, e esse é um daqueles momentos em que tenho a necessidade de descansar.

Posso até depositar fé demais no amanhã, mas só por hoje vou aproveitar meu cansaço.

Acho uma tremenda besteira esse negócio de sorriso o dia inteiro.

Ninguém é feliz o tempo todo.

Um sorriso até pode ser uma boa maneira de encarar algumas situações, mas ignorar os dias em que tudo de que precisamos é ficar de pijama com a cara amassada não é a melhor solução.

Não podemos sentir mais e mascarar menos?

É possível que meu vazio seja falta de um bom brigadeiro, ou de um abraço sincero.

Talvez eu precise de uns dias de molho sozinho, ou talvez apenas um banho resolva.

Talvez seja realmente culpa da rotina e do caos.

De fato, não escolhemos nossos sentimentos e emoções, mas podemos escolher a forma de lidar com eles.

Eu poderia sair por aí dançando, mas tenho escolhido o tanto faz.

E por agora tem sido suficiente.

AMAR é ENCORAJAR O OUTRO A SEGUIR OS SEUS SONHOS

(MESMO NÃO ESTANDO NELES)

PESSOAS VÃO EMBORA, O AMOR DA SUA VIDA NÃO

Ele SEMPrE ESTARÁ PRESENTE dentro de VOCÊ

Quando chega ao fim

Acordar depois do fim de um relacionamento é uma droga.

É uma droga lembrar de tudo e saber que agora não existe nós.

Abrir os olhos e ver que não tem mais nenhuma mensagem de texto. Nenhum bom-dia. Nenhum maldito emoticon com corações saltando pelos olhos.

É estranho precisar aceitar que isso ficou lá atrás.

É uma droga se doar tanto e no fim se doer na mesma intensidade.

É péssimo porque, mal acabou, mal deu tempo de sofrer, e o mundo já está nos forçando a soltar as mãos.

Desfazer os nós. Afrouxar o laço. Voar.

E, sabe, ninguém quer isso. Eu nem queria voar, não ainda.

Demoramos tanto tempo para encontrar uma árvore firme para fazer um bom ninho e, quando se vê, as malas estão prontas. Largando os galhos lá atrás.

E é uma droga. Uma droga porque acabou, e é isso.

Acabou e se vira. Engole o choro.

A vida vem logo em seguida pedindo uma distância segura, sem exceções para a saudade, e cobra um coração independente que desaprendemos a ter.

Depois é acordar e se forçar a não lembrar. Se esconder atrás de óculos escuros. Dar risadas que não se quer dar, falar o que não se quer dizer, fingir estar bem. E optar por sofrer com um pouco mais de classe.

Rever perfis e se ver obrigado a deletar uma vida inteira, ou uma parte dela. Apagar número por número, foto por foto. Deixar cada momento e se entupir de afazeres.

É uma droga ter que devolver um amor florido e não ter a mínima vontade de começar a plantar nesse nosso vasinho surrado novamente.

É uma dor de cabeça que demora a passar. Acordar depois de um fim de relacionamento é a pior de todas as ressacas.

Mas, em se tratando de amor, logo, logo vamos estar enchendo a cara de novo.

AS LEMBRANÇAS ficam, mas as pessoas se vão.

Sexta-feira

Ainda estamos na metade do caminho.

Quando somos pequenos, só queremos crescer.

Sair por aí, ser quem quiser e fazer o que bem entender.

Então crescemos e tudo parece não ser tão bonito.

Os dezoito aparecem e, não tão devagar, os vinte e todos.

Logo, a vida já não é mais tão empolgante.

Eu queria fazer muito, mas a coluna não deixa, a grana tá curta e o tempo, apertado.

Piscou, os vinte foram embora. Os trinta já passaram também, e a criança que desejou crescer ficou lá trás, enquanto o adulto só quer fechar os olhos e acordar numa realidade diferente.

E os que sempre foram cheios de desejos se tornam os cansados de tentativas.

O esperado amor aparece, te quebra inteiro e a novidade já não empolga como nos filmes da TV.

Tem dias em que me pego repetindo em voz alta: "Aguenta firme. É só a metade do caminho."

No meio da bagunça e no meio das partidas.

No meio, amadurecemos, e tudo não é tão mágico; tudo se torna difícil demais para lidar.

Essa é a vida te ensinando a ser forte.

Nunca chegaremos de fato ao tal fim da linha, porque nunca terminamos nada.

Haverá um sonho novo antes de realizarmos o presente, haverá um amor assim que o outro partir do nosso peito. Haverá esperança, cansaço e dúvida e o fim de semana.

Se todos os outros cinco dias não deram certo, ainda sobrarão dois.

Para encontrar os amigos e em seguida rir de todos os ex. Para jogar o pé para o alto e se esticar na cama.

Antes do fim do mês, uma nova compra, uma nova conta. Todos os dias, um novo sonho. Uma nova meta que talvez nunca será atingida, mas iremos persegui-la por um tempo, até outra aparecer e o fim da linha nunca chegar, por estarmos sempre no meio do caminho.

Você não vê, mas renova sua fé a cada dia. A cada hora.

Quando pensar que chegou ao final, entenda que ainda terá muita vida pela frente.

As coisas não ficam fáceis, isso é fato, mas é possível que fiquem melhores.

Então aguente firme. A gente não acaba assim.

Se nada der certo por agora, ainda teremos a sexta-feira.

SE A VOZ FALHAR, A GENTE DÁ OUTRO JEITO

Mude

Todo mundo que muda o faz por alguma razão. Não viramos as costas e saímos andando, não deixamos uma vida inteira pra lá, não encerramos o assunto, não paramos de procurar só porque sim. Porque sim não é resposta.

Para cada coisa no mundo há uma explicação, talvez complexa demais, por trás.

Em se tratando de nós, a explicação é a escolha. Ou você escolhe você, ou não.

Por trás de quem muda, mas muda de verdade, há alguém que não aguentava mais, que já não conseguia mais arrastar o seu velho ser.

A mudança vem quando a dor vem junto, quando não se reconhecem valores, quando meios não são suficientes, quando nossa alma não reflete quem somos por dentro, e nem o espelho quem somos por fora.

Nós sempre sabemos o que é melhor para nós. Sempre.

Mesmo que fiquemos temporariamente cegos para certas situações, coração é bicho certeiro. Só precisamos do impulso.

Das coisas da vida, acredito que mudar seja a mais difícil, mas um pequeno passo já é um grande ato. Para qualquer lugar aonde você vá, seja lá aonde estiver indo, dá-se um passo de cada vez. Essa é a ordem natural das coisas.

Eu sei, você sabe, todos nós sabemos que lidar com sentimentos é complicado demais, mas não estamos falando deles; estamos falando de atitudes agora. As atitudes que definem o rumo da sua vida.

É como dizem: não adianta olhar para o céu com muita fé e pouca luta.

Chega um momento em nossas vidas em que precisamos parar de respirar fundo e começar a agir para fazer as coisas acontecerem, organizar as engrenagens com as próprias mãos, correr atrás até as pernas bambearem.

Quando tiver que escolher um lado, escolha onde você será completa e inteiramente feliz.

Não existe meio. Ou é sim ou não. Senão, mude.

sem o primeiro passo você não erra, mas também não sai do lugar

O que torna as fases ruins da vida suportáveis

Em frente

Você pode se tornar muitas coisas daqui para a frente, mas sua verdadeira vocação nunca morre.

Por mais que mude seu caminho, mude sua rota e se acomode no conforto que o destino jogou para você, haverá o que não te deixa dormir.

E isso não se cala quando você encosta a cabeça no travesseiro.

Seja lá o que for.

Eu mesmo sabia que queria criar coisas. Desde muito cedo.

Queria criar coisas 24 horas por dia. Coisas que não faziam sentido algum, mas eu fazia assim mesmo.

Eu me destacava na escola por saber desenhar uma coisinha aqui e outra ali, mas só era destaque nas aulas de artes, porque minha glória colorida afundava nas aulas de cálculo.

Mas eu era bom. Não que alguém se importasse com meus desenhos, mas eu sabia que era bom.

Tentei o máximo que pude não ser bom.

Administração, Direito e tudo mais que deu para fazer. Mas eu era bom desenhando.

Era bom fazendo as mesmas coisas que fazia no jardim de infância.

Então a vida se encaminhou e me fez continuar. Minha vocação voltou num dia sem graça, num lugar onde eu nem queria estar.

E eu acreditei.

Encontrei um mundo mágico fora da minha zona de conforto, e, sabe, a realidade não nos machuca tanto quando estamos realmente felizes fazendo o que amamos.

Não importa muito se você é multimilionário ou se é apenas uma pessoa comum levando uma vida comum. Tudo é apaixonante quando você está com o coração cem por cento na vida.

Procrastinamos e arranjamos jeitos de fugir do que na verdade é nosso, mas existe aquela faísca que não se apaga. Que não desaparece até jogarmos lenha. Que não some até que esteja feito.

Ao menos tente uma vez. Garanto que vale muito mais uma vida feliz do que uma vida confortável.

Pegue um lápis, um papel e rabisque seus medos. Desenhe como você se vê no futuro.

O mundo lá fora é grande demais para quem tem muitos sonhos no peito. Ele também carrega seus "quebra-cara" de primeira viagem, mas com o tempo a gente aprende a lidar.

Não há sensação melhor que deitar a cabeça no travesseiro sabendo que você deu o seu melhor no que devia ter dado. Que andou um passo em direção ao que realmente vale a pena para você.

Vá em frente.

O começo

Não é para ser entendido hoje.

Aprendi isso quebrando a cabeça demais. Todos os dias.

Pode ser que um dia, ou daqui a uma semana. Talvez nunca.

Mas hoje não é dia de respostas.

A vida tem essa maneira de ser um quebra-cabeças de peças aleatórias, mas com encaixe perfeito.

Não acredito muito nessa ideia de que o futuro já está traçado.

Acredito que Deus está nos observando lá de cima, mas nos deu o livre-arbítrio para escolher.

Nos deixou fazer curvas em esquinas. Nos deixou mudar nossos passos aqui embaixo com as próprias mãos. Depois disso, tudo o que acontece é mistério. É com Ele.

Amanhã é mistério.

Aqui embaixo eu grito, brigo e faço o bem. Aqui embaixo eu tento ao máximo ser a pessoa que idealizo na minha mente.

Aqui embaixo nós fazemos planos e traçamos sonhos. Aqui embaixo nós fazemos as coisas do nosso jeito.

Deus faz do jeito certo; eu não.

Deus, o universo, a vida ou seja lá qual for a força em que você acredita.

Aqui embaixo eu digo adeus, digo olá. Tudo ao mesmo tempo.

Nós ganhamos, perdemos e tudo vira lição.

Mas precisamos estar atentos para compreendê-las. Para que elas façam efeito em nossa história.

Se você parar para perceber, tudo é consequência dos seus próprios atos.

Essa é a única resposta sobre a qual tenho controle.

Tudo aqui é escolha.

Pode ser que demore. Pode ser que não seja hoje, nem amanhã.

Mas você sempre colhe o resultado das suas ações.

Então escolha com o coração. Sempre vá para onde ele apontar.

Talvez ele erre o caminho e você ande mais do que acredite ser necessário, mas ele chega. Sempre chega.

Mesmo que pareça confuso, acredite em mim. No fundo nós sabemos a resposta.

Nós carregamos conosco todas as respostas de que precisamos todo esse tempo.

para aqueles que realmente querem, até os obstáculos viram possíveis caminhos

nossas cicatrizes servem para nos lembrar

¡De que apesar da dor, nós continuamos de pé!

Paciência

Uma vez ouvi um senhor dizer, num café daqui, que, se quisermos ouvir o canto dos pássaros, precisamos deixá-los livres. Segundo ele, é de verdade quando eles cantam porque simplesmente querem.

Isso me faz refletir sobre as mudanças que ocorreram no meu universo ao longo desta viagem — e da vida.

Acredito que as melhores coisas têm o seu próprio tempo. Até o amor precisa ser carinhosamente cativado. Calmamente cultivado.

As prioridades podem mudar de lugar, mas, se for para ser meu, retornará.

Não importa o tempo que demore.

E é isso.

Parei de correr demais. Parei de me estressar demais. Parei de querer demais aquilo que na vida inteira eu nunca precisei.

Parei de ir com sede demais ao pote, porque, em meio a toda essa ambição, acabamos por perder a nós mesmos.

Algumas coisas pedem insistência; outras, paciência.

Hoje sou mais cuidadoso em relação às notas altas, aos grandes negócios, às juras sem tamanho. O que é verdadeiro vem quietinho. Vem devagarinho. Não faz alarde. É singular.

Só chega e faz. Sem promessas.

Nós adoecemos esquecendo do nosso tempo para bancar o super-herói.

Uma vez uma amiga me disse que a pressa era o caminho contrário para a felicidade.

Ela estava certa.

O seu melhor requer o seu tempo, e aprender a diferença entre querer e precisar é a prioridade da vida.

Se pudesse resumir tudo que eu levei daquele café hoje, seria a necessidade de, ao menos uma vez, ouvir a vida.

Ela pede calma.

Pede que vejamos tudo com um pouquinho de alma.

ALGUMAS COISAS PEDEM INSISTÊNCIA, OUTRAS, PACIÊNCIA

Cadeira de balanço

Não moro na mesma casa de anos atrás, mas consigo me lembrar de todos os cômodos perfeitamente.

Se me lembro do passado e de todas as casas onde morei, a primeira coisa que me vem à cabeça é a lembrança da minha avó.

No apartamento 302 perto do centro.

A primeira.

Se digo saudade, ela aparece na minha memória sentada numa cadeira de balanço perto da janela.

Minha avó gostava de olhar o céu. O céu e a TV. Não perdia nenhum capítulo da novela das três.

Era a vida dela. Ô, vida boa. Aquela senhorinha sempre foi toda sentimento.

Era assustadoramente amável. Falava sobre um nada que fazia todo o sentido.

Tinha um olhar afável e calmo, mas se preocupava bastante.

Desde a roupa do varal até a simetria como dobrava os lençóis.

Era a melhor pessoa do mundo.

Não ligava para a minha cara inchada de manhã porque já tinha me visto acordar um milhão de vezes. Era feita mais de amor do que de carne e osso.

Sabia de todas as minhas tempestades. Ela nunca foi de abrir guarda-chuvas para mim; ela abria os braços mesmo. E depois ainda fazia bolo.

Estive com a minha avó em todos os momentos em que ela esteve indo embora.

Deixar as coisas pelo meio do caminho sempre foi o mais difícil para ela.

Ela não acompanhou o crescimento dos netos nem viu que sua pequena TV de tubo um dia se tornaria uma tela de cinquenta polegadas.

De algum lugar, ela ainda vê o céu que tanto amava. Fico feliz por ter essa certeza.

Ela não ficou na casa e nós não ficamos com a cadeira de balanço.

Mas ela ficou no meu coração. Minha avó não está mais presente, mas vive aqui. Bem aqui dentro.

Ela tem um lugar reservado dentro de mim.

Tem gente que não está mais presente, mas ainda vive dentro da gente.

Chega o dia em que precisamos parar de respirar fundo

E começar a agir para fazer as coisas darem certo

Corações fracos

Dos relacionamentos que prometeram ser e não foram, sempre resolvo analisar, depois de muito tempo, o que a pessoa poderia estar fazendo. Se teria arranjado outro alguém e se este estaria fazendo sua felicidade transbordar.

Um erro que sempre cometia era me perguntar por que não havia me doado mais.

Porque sempre paira em nossas mentes o que teria acontecido se nós tivéssemos dado o primeiro passo. O grande problema é que sempre há a ilusão de que não fizemos o suficiente pela pessoa que queríamos em nossa vida.

É errado criar uma culpa e tomá-la para si. Enxergar o problema como se fosse sempre seu.

Junte as histórias e veja que na verdade você disse. Demonstrou. Acendeu um letreiro luminoso na sua testa apontado para o seu coração.

E fez mais do que podia ter feito.

A gente se machuca inventando e se prendendo a um sentimento inexistente.

Você nunca chega a um barco se ele se mantiver em movimento. Você nunca faz um lar no coração de alguém se firma dois tijolos e o outro quebra duas paredes.

Não dá para fazer casa no topo do morro. Os pássaros não fazem ninho em árvores secas. Quebradiças.

Literalmente, não se semeia amor em solo improdutivo.

Aprenda de uma vez por todas.: você precisa parar de se culpar pelas pessoas que têm coração fraco demais para suportar sentimentos sinceros. Isso não é sua culpa.

Não dá para fazer um amor voltar a pulsar se ele nunca teve vida.

Esse falso romance precisa ser enterrado para descansar em paz.

Nós, no fundo, nascemos com o coração grande o suficiente para não precisar mendigar espaço no de mais ninguém.

Nada é por acaso. Todos que passam pelo nosso caminho

Ou chegam com mudanças, ou trazem aprendizado

O outro só vai te transbordar se o seu copo já estiver cheio de amor próprio

Caixa do amor-próprio

Existem algumas coisas na vida que seriam culpa do destino se não tivéssemos escolha.

Uma delas é essa consciência de continuar abraçados ao que nos destrói. Esse medo de estar sozinho nos acorrenta em postes no meio da areia movediça. Devagarinho afundando, enquanto erroneamente achamos que estamos seguros.

Sempre estaremos segurando em alguma coisa para não ir abaixo.

A diferença está entre escolher se firmar em alguém que não dá a mínima e começar a apertar os cintos em si mesmo.

A vida é rodeada de decepções. Em todos os âmbitos, em todos os lugares. As pessoas vão te decepcionar até quando você achar que isso não será mais possível.

Quando o impacto da sua queda é muito forte no chão, se tornar frio como ele não pode ser a melhor opção, porque não é.

Se alguém te magoa, o problema é da pessoa. Não seu.

A culpa por uma traição é de quem traiu. A responsabilidade por ter ferido alguém é de quem atirou.

Esses pesos são deles, não nossos.

Esse fardo **não** pertence a você. Deixe cada um mastigar sua própria culpa e continue a tocar sua vida da melhor forma possível.

Se dê o desapego.

Sua jornada é feita do que está na sua frente, não do que te puxa para trás.

O que você precisa depois da partida é a si mesmo.

Você merece um prato chique e um bom vinho, então pare de engolir sentimentos ruins cheios de espinhos todas as noites.

No fim, a dor de estômago sobra para você.

Sabe, nas decepções da vida não há necessidade de fechar o coração, se deixar a caixa do amor-próprio sempre aberta.

Para cada lágrima que cai e para cada dia ruim que surge, precisamos lembrar de que somos os nossos próprios heróis.

Todo mundo sabe o que lhe faz mal, mas algumas pessoas estão apegadas demais para deixar no passado.

Então, primeiro pense em você e não seja uma dessas pessoas.

Não seja plateia do que não te faz feliz

PARA ganhar com quem te faz feliz

Gaste menos tempo com quem te machucou

Papo sério

Papo sério.

Escolha com os olhos do amor-próprio com quem vai ficar.

As coisas sempre mudam, as pessoas mudam e mostram lados que não víamos antes.

Acontece.

Só não fique com o que te faz mal. Estou fazendo um pedido: não fique, não.

Só fique com quem te trata bem, mas não aquela vida fantasiosa de filme. Fique com quem tem respeito por você. Que respeita seu lugar. Seu tempo e seu espaço.

Não espere o sapato apertar no pé.

Não perca um dia, dois ou uma vida inteira com o que não vale a pena. Faça isso por você.

A vida é boa demais para ser desperdiçada escondendo o sorriso. Descendo do salto, tirando a maquiagem toda.

Não fique com os seus "não tão amigos" que fazem questão de te botar para baixo. Com aquelas palavrinhas de derrota, com aqueles olhares de desprezo.

Não fique com quem não está nem aí, com quem está pouco se lixando. Pouco amando você.

Saia desse namoro que dita seu futuro. Amor não dita regras. Não traça o caminho do outro contra a vontade.

Não fique.

Não fique nessa escola, não fique nesse curso, não fique nessa cidade. Não suporte essa gente.

Vá tirando o que não te faz feliz.

Mas, antes de ir, converse. Diga o que sente.

Fale para todo mundo onde dói e veja se muda. Se não mudar, você muda.

E vai embora.

Só se convive com uma pessoa a vida inteira: você mesmo.

A prioridade é sempre o eu. Se o "eu" não funciona, como você acha que funcionaria todo o resto?

Se for para ir tocando em frente, então vá com uma música que você gostaria de ouvir.

Cidades

Penso que conhecer novas pessoas, não de modo superficial, mas entrar de cabeça em suas vidas, é como um viagem-surpresa. Numa conversa despretensiosa, você embarca em um avião, mas não pode escolher o destino.

O piloto automático dos seres humanos, ou pelo menos da grande maioria deles, é dar o melhor para ter um voo tranquilo.

Algumas vezes, aterrissamos em algum lugar maravilhoso e começamos a navegar lenta e romanticamente em um dos canais de Veneza. Vamos fundo, explorando, conhecendo, descobrindo.

Com sorte podemos continuar por lá, mas talvez você dobre a esquina errada e, ao perceber, já estará em um país radical, correndo perigo, indefeso.

Cada olhar, cada característica, cada pequeno detalhe e cada gesto são partes que compõem a nossa jornada. Levamos cada momento como fotografia. Em vez de imagens no álbum do celular, guardamos nos bolsos da nossa memória.

Algumas pessoas são como um rio calmo, sincero, que nos conforta. Aquele rio com um sorriso de paraíso, mas onde não dá para morar. Alguns são um oceano inteiro, imensidão. São fechados, trancafiados, mas cheios de belezas escondidas nas profundezas.

Em meio a tudo isso, temos as aventuras perigosas. Os erros que fazemos questão de cometer, e há também os portos seguros, os botes salva-vidas, que querem estar sempre em volta de nós, mas nós queremos que voem.

E entre um conflito e outro, entre decidir o que pôr na mala e levar para casa ou não, deparamos com nossos próprios conflitos.

Não somos maquinários, somos pessoas. Essa é a melhor parte da viagem. Quando descobrimos o que realmente nos faz bem. Se a bagagem está pesada demais ou se o conteúdo é raro para deixar para trás.

Existem pessoas que são como um dia na Disney, que logo serão lembrança boa, mas só lembrança. Outras são como um mochilão: vão te fazer se sentir vivo e gritar a plenos pulmões, te farão ver tudo com outro ponto de vista.

Podemos topar com aqueles que só querem um lugar tranquilo para descansar, e os que entendem que o lar, na maioria das vezes, não é um lugar, é alguém. É uma lembrança ou qualquer outra coisa que te faça sentir bem, é todo aquele sentimento que rebate e o compreende.

Entrar em uma nova vida é como vestir uma calça velha. Você sabe de quem é, mas ainda pode ter a surpresa de achar algo bom nos bolsos. Lidar diariamente com o ser humano sempre será uma aventura.

É entrar sem proteção em um mundo novo para desvendar o desconhecido. É aquela viagem de talvez. Talvez você vá e retorne, e talvez nunca mais volte.

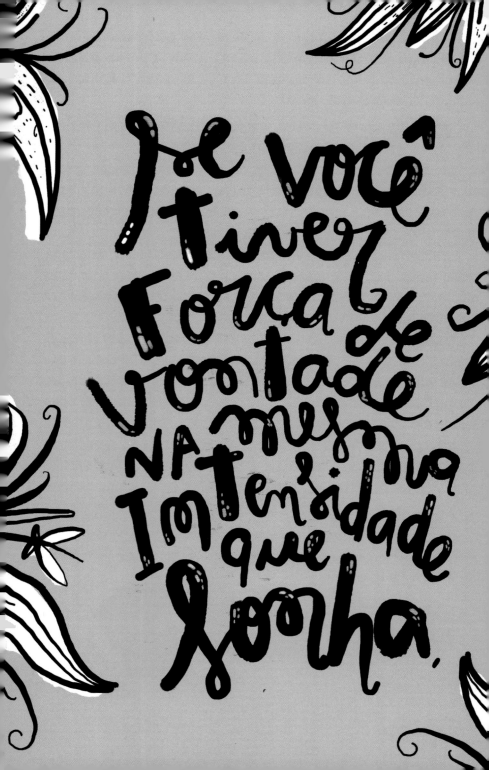

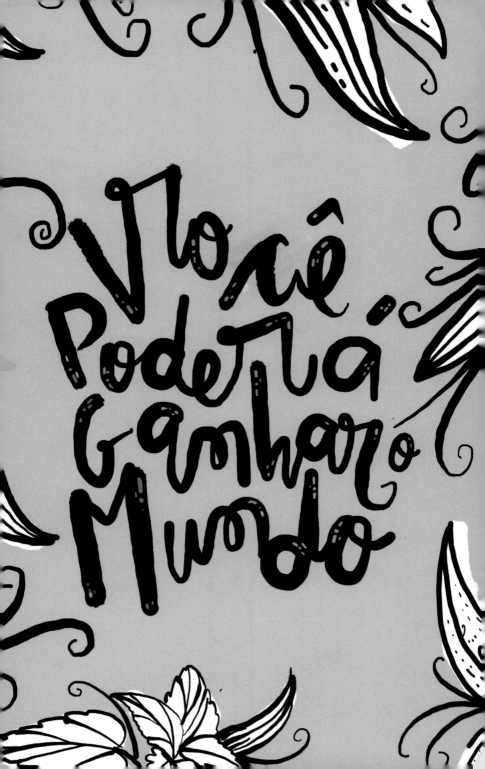

Nova etapa

Não sofro tanto por amor. Não como antes.

Não se engane: o amor tem dessas coisas também. Às vezes dói, e é isso aí.

O fato é que eu não sofro mais tanto por amor. Nem por uma paixãozinha boba.

Cresci. Acho que essa é a explicação. Espero não ter ficado muito frio.

Não sinto metade das coisas que sentia antes.

Minhas borboletas no estômago já estão acomodadas demais para fazer cócegas enquanto voam dentro de mim.

O meu lado racional mudou muito. Ele manda bem mais hoje.

A serotonina, que antes gritava e borrava tudo de rosa, hoje só aparece quando me deparo com uma barra de chocolate em promoção no mercadinho.

Já me apaixonei por tanta gente. De tantas maneiras.

Hoje sou só eu mesmo.

Aquele que aprendeu a se virar com o coração que se apaixona fácil.

A gente aprende uma hora ou outra. Faz parte.

Já não caio tão fácil. Não como antes.

Não tenho todas as certezas do mundo, mas acho que vou ficar bem.

Acho que ainda estou a salvo. Acho.

As músicas bobas não surtem o efeito de suspiro em sequência, nem me fazem imaginar uma vida perfeita com meu futuro par imaginário.

Hoje eu dou risada disso tudo.

É engraçado como as coisas mudam em tão pouco tempo.

Alguns anos atrás, tudo era tão fascinante. Tão brilhante e novo.

Então vira rotina, vira costume. Fica sem brilho. E nós começamos a encontrar a magia em outros reinos. Em outros âmbitos da vida.

Você começa a dar boa-noite para o jornal, toma água pela manhã assim que acorda e começa a se alimentar melhor.

E ri. Ri de dois anos atrás, ri do seu passado inteiro e percebe que não mora mais ali.

Seus traumas e desamores já não incomodam mais.

A gente deixa de sofrer, faz as pazes com as memórias e compra uma esteira para correr junto com as borboletas preguiçosas do estômago.

Encontrar o amor da vida já não é mais uma prioridade. E se desmanchar em festas também passa longe.

O que empolga mesmo é a promoção de chocolate.

E você percebe que encontrou a magia de volta, não em corações desconhecidos nas madrugadas adentro, mas em inúmeras revistas de sudoku nas bancas de jornal e longas sonecas à tarde.

Aí você deixa uma época lá atrás e começa a aproveitar um jeito diferente de viver.

Diferente, mas com a mesma graça de sempre.

PROMETA A SI MESMO QUE TERÁ UMA VIDA INCRÍVEL E O UNIVERSO ENTENDERÁ O RECADO

Diferentes pontos de vista

Tenho andado olhando tudo duas vezes.

Esticado o pescoço para não perder o ônibus depois do trabalho e checado se um provável amor futuro também estaria me olhando no trem.

Chega uma hora em que a gente precisa parar de lutar contra. Contra si mesmo. Contra as situações adversas da vida. Chega um dia em que você percebe que até os piores dias guardam algo de bom, bem no finalzinho, como lição.

É como aquele chocolate que fica em cima da geladeira para depois do almoço.

Não é lá grande coisa, mas já é alguma coisa.

Levantar depois de um tombo sempre é alguma coisa. Sorrir em meio a uma catástrofe é alguma coisa. Catar os cacos de nós mesmos, de alguma forma, é alguma coisa.

Viver é aprender a olhar tudo com dois pontos de vista.

É olhar para o céu quando o concreto queima seus pés, e se lembrar de que até nesses dias Deus não comete erros.

Tenho estado nessa onda de não desistir fácil e ser difícil para o que realmente vai contra quem eu sou.

Me mantido coberto da mania de botar fé em gente, na vida, mas principalmente em mim.

Acreditado que do divã de um psicólogo talvez saísse um bom amigo. Que nas calçadas desta cidade talvez encontrasse alguém que teria prazer em conhecer. Que nas porradas da vida eu talvez me tornasse um bom lutador — ou ao menos aprendesse a dar alguns golpes de defesa.

Tenho tido a particularidade de ser a minha sala de estar, ser o dono das minhas soluções. Ser meu farol.

Aprendido a não me matar, tentando matar meus monstros da madrugada. Mas dando boas risadas e me conhecendo com eles.

Procurado enxergar o lado bom das pequenas coisas e das não tão boas.

A partir de agora, tenho visto tudo em diferentes pontos de vista. E tentado ver a felicidade que há em todos eles.

Não complique tudo antes de acontecer

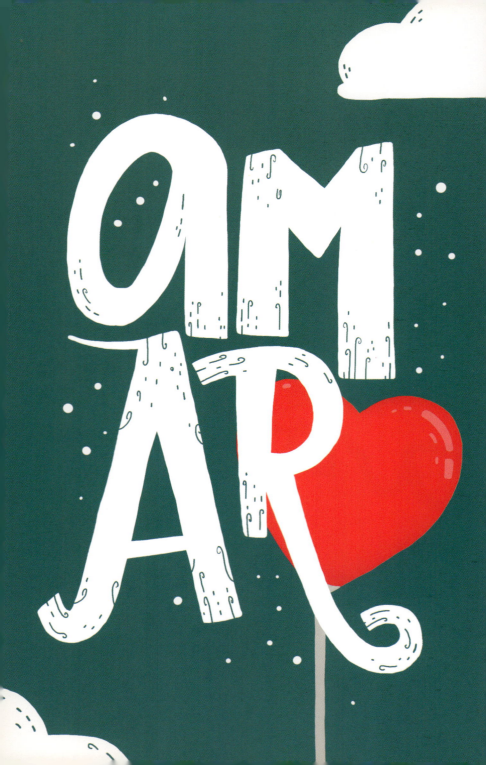

Amor de verdade

Às vezes nós achamos que não somos amados o suficiente e não conseguimos ver esse amor.

Não aceito essa de que amor é insuficiente para nada. Amor é e ponto.

O amor sempre será suficiente. E eu amo muito. Amo demais.

Amo você que está lendo este livro também.

Não sei qual é a dificuldade de entender isso.

Acho que cada um tem a sua maneira de senti-lo. O amor é bem expansivo, sabe?!

Amor é aquilo que fez meu pai crescer comigo. Não foi por obrigação. Foi por amor.

Foi por amor que os pais dele o criaram também.

Criaram, cuidaram e o ensinaram a ver a vida de um jeito reto. Sem curvas.

Meu pai não me ensinou a ver a vida diferente. Ele me criou exatamente como os pais dele.

Não me disse que, no mundo lá fora, eu poderia ser quem eu quisesse.

Ele não me disse para dar um sorriso porque as coisas ficariam melhores.

Meu pai nunca disse nenhuma dessas palavras. Nunca.

Se aprendi a ser gente boa, foi com a vida mesmo. Ela me ensina também.

Meu pai não me ensinou a ver as curvas, mas ele me abraça bem forte em alguns momentos. Do nada.

Ele chega perto e me aperta o mais forte que pode. Esse é o jeito especial que ele tem de demonstrar isso. E todos os outros jeitos que ficavam nas entrelinhas.

Trabalhou a vida inteira. Levantou muros, mexeu com eletricidade. Consertou aparelhos eletrônicos e tudo o mais que pôde para que eu não precisasse passar por nada. Para que não me faltasse nada.

Ele não precisava trabalhar ou fazer metade do esforço que fazia, mas ele fazia por amor.

Para não faltar comida em casa nem roupa para vestir. Ele queria o meu melhor.

Tem amor maior do que querer o melhor do outro?

É por isso que eu amo.

Até o seu Milton, o porteiro do prédio. Porque, mesmo não estando no contrato que ele precisaria dar bom-dia, ele dá assim mesmo. Com o maior sorriso do mundo.

Mas é amor de seu Milton, não é como o meu amor pelo meu pai.

O eu te amo se banalizou de tanto ser dito. Essa é a verdade.

Meu pai só me abraça e consegue dizer eu te amo ali. E o seu Milton sorri e me deseja um bom dia no trabalho.

E o meu cachorro corre de um lado para o outro quando eu chego em casa.

O amor fica escondidinho por trás das ações silenciosas que fazemos. No bom-dia e no bom trabalho.

No abraço sem motivo, na felicidade do encontro. Nas coisas feitas com o coração.

Você não consegue ver o amor, mas pode senti-lo se abrir os olhos do coração.

Quando não se manifesta visível, você pode sempre encontrá-lo nas entrelinhas.

ENCONTREI AS RESPOSTAS

DENTRO DE MIM

Abraça-te

Dê um sorriso agora.

Por ser quem é.

Pare neste exato momento e passe os braços em volta do seu corpo.

Você é tudo isso, e não há nada mais extraordinário no mundo.

Você já parou para pensar no tanto que já carregou e em tudo que aguentou?

Já se deu conta do tiroteio pelo qual você passou e saiu com vida?

Se ame um pouquinho hoje.

Se olhe no espelho e tente atravessar além do que você vê. Tente enxergar sua alma.

Aposto tudo que tenho que há algo radiante em você. Lá dentro, no fundo dos seus olhos.

Olhe as linhas retas do seu corpo e as dobrinhas do lado da sua cintura. É você.

Observe desde a raiz do seu cabelo até as pontas que mudam de cor. É você.

Repare bem na cor da sua pele. No tom da sua íris embaixo dos raios de sol.

Isso tudo é você.

Não quebre o espelho, não.

Ele reflete quem você é. Dos pés à cabeça.

Ele mostra suas feições e seu jeito inocente de olhar.

Para que brigar com a sua imagem? Tem algo mais lindo do que ser o que é?

Eu vejo flores em você. Você não vê?

Olhe bem para a sua história, as palavras não ditas. Respeite a sua trajetória e não se maltrate tanto.

Você está de pé. Você está aqui.

O que passou, passou. Você é o agora e o que está para se tornar daqui em diante.

Então se abrace hoje. Se abrace agora, mas se abrace com vontade.

Talvez amanhã você tenha que travar a mesma luta novamente, mas eu estou te pedindo o hoje.

Te peço um pouquinho do seu agora.

Abra os olhos para a vida e todas as cores que ela traz.

Comemore hoje.

Não por mim.

Comemore por ser você.

Fique bem. Você é tudo isso.

em CADA mania, CADA em DETALHE

CADA UM é EXATAMENTE como DEVERIA ser

Ei, eu te amo

Nós nos recusamos a nos apaixonarmos novamente. Depois do fim e de toda a decepção.

Trocamos a cama pelas noites e alguns rostos desconhecidos, na esperança de que isso vá resolver nossas pendências sentimentais.

Aumentamos a música e dançamos até clarear, porque é o começo de algo novo e nunca mais vamos nos apaixonar novamente.

E vamos bem, caminhando em direção ao que é seguro.

Num dia desses, saindo do trabalho no fim da tarde, o universo resolve bagunçar tudo e te dá um oi, e despretensiosamente você retribui.

Veja só, está acontecendo de novo. E você simplesmente não pode parar. Os seus sentimentos gritam alto e agora você já não tem mais escolha. Eles estão no controle.

Os dias vão, e aquele oi se torna mais do que isso.

Quem chegou despretensiosamente acaba despertando um lado nosso que não imaginávamos ter.

E tudo se repete, com um alguém diferente. De uma maneira diferente.

Enquanto a vida passa ao nosso lado, falando bem baixinho que acreditávamos no amor esse tempo todo. Debaixo da roupa amassada e das fotos rasgadas, das noites em claro e dos dias carregados. Em algum lugar, bem lá no fundo, nunca deixamos de acreditar.

As nuvens acumuladas que antes sobrevoavam seu coração se vão. Essa é a parte da história em que tudo sobre não se apaixonar novamente perde o sentido. Quando um sorriso se torna a cena mais bonita do seu dia. Quando tudo some. Das lembranças até a vontade de não pertencer a mais ninguém.

O tempo passou e nós estamos prontos, ou perto disso. Seu coração te chama para dizer sim.

E novamente estremecemos por fora, mas firmes o suficiente para dizer: "Ei, eu te amo."

A melhor pessoa do mundo

Espero que um dia você tenha a sorte de ter *aquela pessoa* na sua vida.

Sorte, destino, ou chame do que quiser.

E não, não estou falando de relacionamento amoroso aqui, mas pode ser que isso se encaixe no seu caso. Estou falando da melhor pessoa do mundo.

Sabe, eu sempre procurei alguém que sacudisse meu mundo. Para ser sincero, todo mundo procura, convenhamos.

Depois, parei para refletir que te jogar para cima, todo mundo joga. É ridiculamente fácil para qualquer pessoa te animar. A questão, meu amigo, é quem vai te ajudar a botar as coisas nos eixos.

Quem fará todas essas curvas da sua mente chegarem à calmaria.

Algumas situações na vida poderiam ser explicadas como acontecimentos mágicos.

Tenho certeza absoluta de que todo mundo que passa pela nossa vida traz um aprendizado.
Ou um presente.

E, às vezes, a vida nos dá o melhor deles.

Cruza o seu caminho com o de alguém tão perdido quanto você e que, mesmo sem saber para onde ir, consegue te levar para casa.

Aquela pessoa que chega e faz seu dia clarear. Faz sua vida mover para a frente e permanece.

Sei lá, acredito que todo mundo deveria ter a oportunidade de contar com alguém.

De deitar nos braços de uma pessoa e ficar ali por um tempo, sem pensar em nada.

Ou melhor, entre um sorriso e outro parar e pensar o porquê de tê-la na sua vida.

Aguentando suas histerias e levando você pela mão.

Nós temos o mundo inteiro para abraçar e um punhado de coisas para fazer, mas é uma sensação única voltar para quem amamos quando o dia termina. Retornar à casa e sentir o cheiro de café na porta de entrada, ouvir o barulho das ferramentas do seu pai aos domingos... Da sua mãe falando ao telefone ou da sua avó conversando sozinha pela casa. Do seu amor ouvindo sua música favorita, ou da sua amiga mandando áudios infinitos por mensagem.

As pessoas mais incríveis do mundo, aquelas que transformam qualquer lugar em lar desde que estejam presentes.

Sempre digo que sozinho a gente consegue. Mas, quer saber? Juntinho a gente vai melhor.

Espero que você possa ir com alguém que faça você sentir o amor em cada segundo de sua existência.

Sei lá por que a vida nos aparece com pessoas extraordinárias.

Já disse que poderia ser mágica? Acho que sim.

Espero que você tenha uma vida maravilhosa ao lado da melhor pessoa do mundo, seja ela quem for.

Acredite nas decisões que você toma

SEJA onde for, **AONDE** quer que, **VOCÊ VÁ**

EU TE DESEJO TODO O AMOR DO MUNDO

Siga os Balões

também nas redes sociais:

f /sigaosbaloes **◙** @sigaosbaloes